JN343615

모차르트의 가발

글 게리 베일리 · 캐런 포스터
그림 레이턴 노이스 · 캐런 래드퍼드
옮김 김석희

밝은미래

글

게리 베일리 캐나다에서 태어나 대학에서 역사학을 공부했으며, 중학교에서 학생들을 가르쳤습니다. 어린이를 위한 교양 도서를 주로 썼으며, 특히 역사와 과학에 관한 것이 많습니다. 지은 책으로 〈고대 문명〉〈동물들도 말을 한다〉〈365일 역사〉 등이 있습니다.

캐런 포스터 대학에서 임상심리학을 공부했습니다. 사람들이 당연하다고 여기는 것을 남달리 생각하기를 좋아합니다. 현재 포틀랜드에 살면서 미국 전역을 여행하는 걸 즐깁니다.

그림

레이턴 노이스 영국 캠버웰 칼리지에서 예술학을 전공하고, 이후 약 70권의 어린이 책에 그림을 그렸습니다. 날마다 더 나은 그림을 그리기 위해 항상 노력하는 일러스트레이터입니다.

캐런 래드퍼드 대학에서 일러스트레이션을 공부했습니다. 언제나 즐겁게 그림을 그리려고 노력하는 일러스트레이터입니다.

옮김

김석희 서울대학교 인문대 불문학과를 졸업하고 대학원 국문학과를 중퇴했으며, 1988년 한국일보 신춘문예에 소설이 당선되어 작가로 데뷔했습니다. 영어·프랑스어·일어를 넘나들면서 〈초원의 집〉 시리즈 〈모비 딕〉 〈삼총사〉 〈해저 2만 리〉 〈로마인 이야기〉 〈꽃들에게 희망을〉 〈오즈의 마법사〉 〈이상한 나라의 앨리스〉 〈하룬과 이야기 바다〉 등 2백여 권을 번역했고, 역자 후기 모음집 〈번역가의 서재〉와 귀향살이 이야기를 엮은 〈이 또한 즐겁지 아니한가〉 등을 펴냈으며, 제1회 한국번역상 대상을 수상했습니다.

그레이트 피플 ❺
모차르트의 가발

초판1쇄 발행 2012년 12월 12일 | 초판3쇄 발행 2016년 5월 24일
펴낸이 도승철 | **펴낸곳** 밝은미래 | **등록** 2005년 5월 2일 (제105-14-87935호) | **주소** 경기도 파주시 회동길 455-2 밝은미래사옥 4층
전화 031-955-9550~3 | **팩스** 031-955-9555 | **홈페이지** http://www.bmirae.com
편집 송재우, 고지숙, 백혜영 | **디자인** 문고은 | **마케팅** 박선정 | **경영지원** 강정희
표지 및 본문 디자인 뭉클
ISBN 978-89-6546-074-9 74990 | 978-89-6546-090-9(세트)

Copyright © 2010 Palm Publishing, LLC All rights reserved.
Korean Translation Copyright © 2012 by Minumin
Korean edition is published by arrangement through EYA.
이 책의 한국어 판 저작권은 (주) 민음인과 독점 계약한 밝은미래에 있습니다.
저작권법에 의해 한국 내에서 보호를 받는 저작물이므로 무단 전재 및 복제를 금합니다. 책값은 뒤표지에 있습니다.

사진 및 자료 : 원저작권사인 Palm Publishing사와의 협의 하에 생략합니다.

차례

러미지 만물상	10
볼프강 아마데우스 모차르트	13
어린 시절	14
유럽 순회공연	17
계속되는 여행	21
오페라	22
춤의 대가	25
행복한 결혼 생활	26
상류 사회	29
인기 없는 오페라	31
비밀 결사 단체	33
수수께끼 같은 죽음	35
모차르트의 진혼곡	36
모차르트의 유산	39
천재 모차르트의 작품	40
어휘 사전 ∣ 찾아보기	41

디그비
보물 수집가 디그비는 토요일마다 러미지 할아버지의 골동품 가게에서 물건을 고르고, 새로 찾아낸 진기한 물건에 얽힌 사연을 듣는다.

한나
디그비의 누나로, 따지기를 좋아하는 열 살짜리 소녀. 러미지 할아버지가 하는 말은 한마디도 믿지 않는다.

러미지 할아버지
골동품 가게 주인이다. 가게에는 저마다 재미난 사연이 얽혀 있는 물건들이 잔뜩 쌓여 있어 호기심을 자극한다.

크리시
중고 옷가게 주인이다. 디그비와 한나가 러미지 할아버지의 이야기에 나오는 인물들을 연기할 때 필요한 옷들을 빌려 준다.

켄조
이발사이며 다양한 옷차림에 어울리는 가발을 많이 갖고 있다. 이발 가위를 즐겨 사용한다.

토요일 아침이면 벼룩시장은 와글와글 활기를 띤다. 장사꾼들은 해가 뜨기도 전에 벌써 자리를 잡는다. 사람들이 잠자리에서 일어날 때쯤이면 좌판이 차려지고, 상자가 열리고, 물건들이 꼼꼼하게 진열된다.

시장 곳곳에 물건들이 수북이 쌓여 있다. 벨벳 천 위에는 귀한 브로치와 보석이 박힌 단검이 있다. 그 뒤에는 유명한 인물들의 초상화가 그려진 커다란 액자, 반들반들한 천에 장식 술이 달린 등잔, 옛날식 세면대가 있다. 이 세면대에 물을 부으면 금이 간 틈새로 물이 뚝뚝 떨어진다. 온종일 상자 속에서 주인을 기다리는 물건들도 있다. 멋진 무공 훈장이 한 줄로 나란히 걸려 있고, 가죽끈 달린 회중시계가 째깍째깍 소리를 내며, 특별한 날 쓰는 은수저와 포크와 나이프가 반짝반짝 빛을 낸다.

하지만 러미지 할아버지의 가게는 뭔가 좀 다르다. 러미지 만물상에는 아무도 갖고 싶어할 것 같지 않은 온갖 이상한 물건들이 한가득 쌓여 있다.

배가 빵빵한 생쥐 인형을 누가 갖고 싶어할까? 세상에 부러진 주머니칼이나 틀니 한 쌍을 사려는 사람도 있을까?

그런데 러미지 할아버지는 이런 물건들을 모두 갖고 있다. 그리고 여러분도 이미 예상하고 있겠지만, 값도 별로 비싸지 않다!

여덟 살짜리 골동품 수집가 디그비 플랫은 친하게 지내는 러미지 할아버지를 만나러 벼룩시장에 갔다. 토요일이었고, 일주일에 한 번씩 받는 용돈은 거의 바닥나서 주머니에 구멍이 다 뚫릴 지경이었다. 하지만 디그비는 시장에서 파는 아무 물건에나 용돈을 쓸 생각은 없었다. 그건 말도 안 되는 일이었다. 할아버지의 신기한 가게에서 찾아낸 희귀하고 특별한 물건이어야만 했다.

여느 때처럼 누나 한나도 함께 갔다. 한나는 러미지 할아버지 가게에 있는 보물들이 진짜 가치가 있는 것인지 남몰래 의심하고 있었다. 한나는 누나답게 어린 남동생이 '아무짝에도 쓸모없는 엉뚱한 물건'을 또 하나 사지 못하도록 막아야 한다고 생각했다.

"아니, 이게 누구야? 내가 좋아하는 단골손님들이 오셨군." 러미지 할아버지가 말했다.

"안녕하세요, 새 물건 있나요?" 디그비가 말했다.

"없어. 모두 낡은 것뿐이야. 여기는 골동품 가게니까." 러미지 할아버지는 소리 내어 웃었다. 디그비가 이상하게 생긴 가발을 가리키며 물었다.

"저 오래된 머리카락도요? 저건 서부 개척 시대의 머리 가죽인가요?"

"역겨운 소리 좀 그만해. 저건 아마 가발일 거야."

"네 말이 맞다, 한나. 저 가발은 역사상 가장 위대한 음악가의 것이었지."

"엘비스 프레슬리!" 디그비가 외쳤다. 그때 누군가 끼어들었다. '가발'이라는 말을 듣고 불쑥 나타난 이발사 켄조 아저씨였다.

"아니란다, 꼬마야. 저건 분명 모차르트의 가발일 거야."

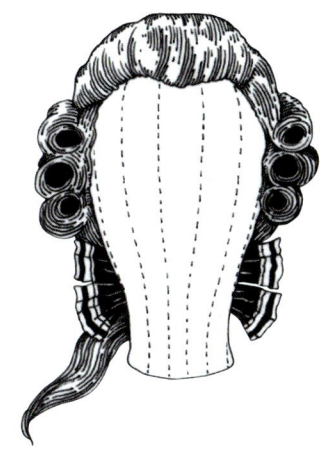

"저건……." 러미지 할아버지가 말을 하려는 순간 켄조 아저씨가 끼어들었다.

"그 당시에는…… 그러니까 300년 전인 1700년대에는 거의 모든 사람들이 가발을 썼단다. 진짜 털로 만든 가발이었지. 사람 머리털이 아니라 말총이었지만 말이다. 거기에다 향수를 뿌리고 분가루를 뿌리고, 벨벳 리본으로 뒤를 묶기도 했지. 사람 머리통 모양으로 깎은 나무틀 위에 가발을 얹고, 포마드라는 걸 발라서 가발 모양을 만들었어. 부유한 사람들은 항상 가발을 썼단다. 그때는 나 같은 이발사가 진짜 중요한 사람이었어."

"모차르트가 저 가발을 쓴 게 정말 확실해요? 그런데 그 가발이 어떻게 여기 있죠?" 한나가 의심스러운 얼굴로 물었다.

"모차르트는 신동이었어. 나중에 자라서 세계에서 가장 위대한 작곡가가 되었지. 그런데 당시에는 모든 사람이 그것을 인정하지 않았단다." 할아버지가 말했다.

볼프강 아마데우스 모차르트
Wolfgang Amadeus Mozart

볼프강 아마데우스 모차르트는 1756년 1월 27일 오스트리아 잘츠부르크 시에 있는 가게 윗방에서 태어났단다. 모차르트의 세례명은 '요한네스 크리소스토무스 볼프강구스 테오필루스'란다. '테오필루스'는 그리스어로 '신의 사랑을 받는 자'라는 뜻이고, 라틴어로 발음하면 '아마데우스'가 된단다. 그래서 그는 '볼프강 아마데우스'라는 이름으로 알려지게 되었어. 그의 부모는 아들을 '보페를'이나 '볼프강게를'이라는 애칭으로 불렀기 때문에, 그렇지 않아도 복잡한 모차르트의 이름은 더 헷갈렸단다.

모차르트의 아버지 '레오폴트'는 재능 있는 음악가이자 작곡가였어. 어머니의 이름은 '안나 마리아 페르틀'이었어. '난네를'이라는 애칭으로 부르던 누나의 이름은 '마리아 안나'란다. 아버지는 두 남매가 모두 음악에 재능이 있고, 특히 어린 모차르트는 천부적 재능을 가졌다고 생각했어. 모차르트는 아주 어릴 때부터 아름다운 음악을 작곡하기 시작해서 짧은 생애 동안 수많은 작품을 남겼단다.

어린 시절

아버지의 사랑

모차르트의 아버지는 엄격하지만 다정했어. 자녀들을 가르치고 성공시키려고 자신의 출세마저 포기했지. 그가 돈벌이를 위해 아이들의 재능을 이용했을 뿐이라고 생각하는 사람들도 있지만, 그 생각은 옳지 않단다. 그는 정말로 아이들을 사랑했고, 아이들이 잘되기를 바랐어. 모차르트는 아버지와 무척 가까웠고, 아버지를 만족시키는 아들이 되고 싶어했지. 모차르트는 어머니도 사랑했어. 하지만 어머니가 아이들과 함께 여행한 것은 단 한 번뿐이었고, 줄곧 집에 남아 있었단다. 여행지에서 모차르트는 언제나 편지에 키스를 가득 담아서 어머니에게 보내곤 했단다.

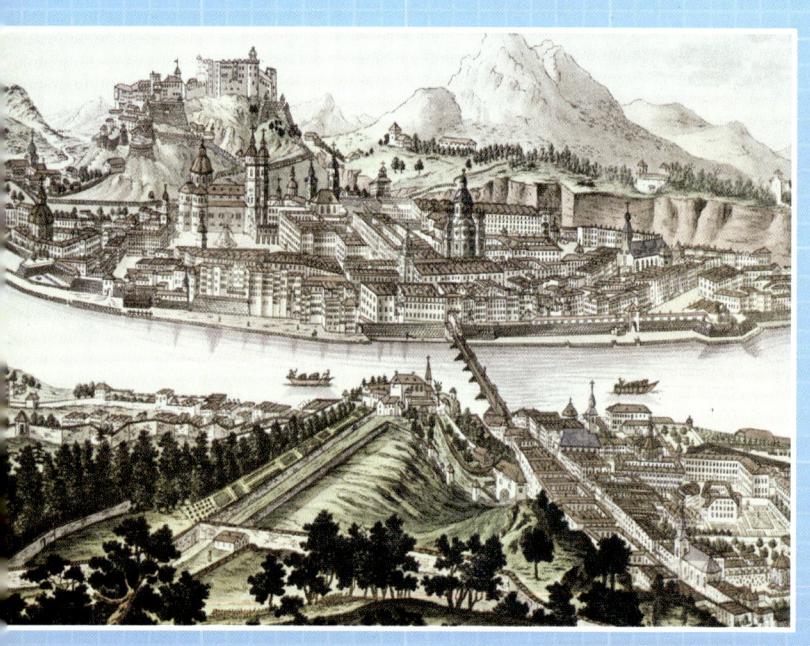

▲ 모차르트는 잘츠부르크에서 자랐어. 당시 작은 도시 국가였던 잘츠부르크는 유럽 국가인 오스트리아와 바이에른 사이에 쐐기처럼 끼여 있었어.

첫 번째 협주곡

어린 모차르트는 장난기로 가득 차 있었어. 그는 의자와 탁자는 물론이고 마룻바닥에도 온통 낙서를 했지. 네 살 때는 누나 난네를이 하프시코드 교습을 받을 때 끼어들기 시작했어. 그래서 아버지는 두 아이를 함께 가르치기로 했단다. 모차르트는 빠르게 진도를 나가서 곧 누나를 따라잡았고, 누나와 함께 연주할 수 있는 짤막한 이중주곡을 작곡하려고 애쓰기까지 했어.

어느 날 집에 돌아온 아버지는 모차르트가 종이에 무언가를 끄적거리고 있는 것을 보았단다. 잉크 자국으로 얼룩진 종이에는 기호들이 어지럽게 그려져 있었어. 아들이 건네준 종이를 받아 들고 아버지는 껄껄 웃었지. 하지만 곧 중요한 부분, '음악'을 발견하고는 기쁨과 놀라움에 겨워 눈물을 터뜨렸단다. 모차르트가 협주곡의 첫 소절을 작곡했던 거야.

"정말 뛰어난 소년이었지. 누구나 그 아이를 사랑했어. 정말 귀여운 아이였지." 켄조 아저씨가 한숨을 내쉬며 말했다.

"그랬지. 겨우 세 살 때 누나가 연습하는 것을 듣고 외워서 클라비어를 쳤다니까 말이다. 클라비어는 피아노의 일종이란다." 러미지 할아버지가 말했다.

"사람들은 모차르트의 누나를 '난네를'이라고 불렀죠. 정말 매력적인 애칭이에요." 켄조 아저씨가 말했다.

"그래, 아주 매력적인 이름이야. 어쨌든 모차르트는 피아노 소리를 무척 좋아했고, 다섯 살이 되었을 때 벌써 완전한 곡을 연주했지."

"우와, 모차르트는 정말 대단했나 봐요." 디그비가 말했다.

"게다가 음악을 하는 데 도움이 되는 아주 특별한 재능을 타고났단다. 기억력이 말도 안 되게 뛰어났지. 어떤 곡도 한 번만 들으면 바로 외워서 연주할 수 있었어."

"사진으로 찍는 것처럼 기억을 했나 봐요?" 한나가 물었다.

"그래. 모차르트는 작곡할 때마다 머릿속으로 음악을 듣는다고 말했단다. 모든 악기의 연주 부분을 하나하나 듣고 나면 작품 전체를 상상하고서 그것을 악보에 옮겨 적었지. 아버지는 아들이 놀라운 재능을 타고난 것을 알고는 그것을 계발해 주려고 무척 애썼단다."

"지나치게 자식을 과잉보호하는 그런 아버지였나요?"

"자식들이 열심히 노력하기를 바라긴 했지만, 그런 아버지는 아니었어. 남매는 낮에는 연습을 하고, 밤에는 함께 연주하거나 거실에서 친구들에게 음악을 들려주었지."

"그런 건 과잉보호가 아니라 즐기는 거죠." 디그비가 말했다.

"모차르트는 라디오에 출연했나요?" 디그비가 묻자 한나가 요란하게 웃어 댔다.

"그때는 라디오가 없었어, 바보야. 우리는 지금으로부터 200년 전 이야기를 하는 거라고."

"그래. 하지만 모차르트가 여섯 살이 되자 아버지는 남매를 세상 사람들에게 자랑하고 싶었어. 그래서 연주 여행을 다니게 된 거야. 모차르트 아버지는 아이들을 독일 뮌헨으로 데려가서 바이에른의 화려한 궁전에서 소개했단다."

"연주회는 성공했나요? 아이들은 아마 아버지 생각만큼 뛰어나지는 않았을 거예요. 부모들이 다 그렇잖……."

"사람들은 귀를 믿을 수가 없었지. 두 아이는 아주 강렬한 인상을 주었어. 모두 그 아이들에 대해 이야기했고, 자기들 집에 초대해서 진수성찬을 대접하고 선물을 주었단다."

"그런 대우를 받았다면 둘 다 버릇이 없어졌을 것 같은데요?" 한나가 말했다.

"글쎄다. 모차르트는 흥분을 잘하고 좀 제멋대로인 면이 있었다고 하지만……."

"날마다 몇 시간씩 연습하고, 밤늦게까지 깨어 있고, 밤낮없이 계속 기름진 음식과 단것을 먹는다면 나라도 그렇게 될 거예요." 한나가 말했다.

"아버지는 모차르트가 놀기 좋아하고 좀 버릇이 없긴 하지만, 피아노를 연주할 때는 항상 진지하다고 말했지. 사실은 너무 진지해서 모차르트한테 농담을 할 수도 없었어. 농담을 하면 버럭 화를 내곤 했으니까."

"멋진데요. 내가 아는 누군가와 비슷해요. 야! 그 끽끽거리는 바이올린 좀 내려놔. 이게 무슨 소음이람!" 한나가 동생을 바라보면서 말했다.

유럽 순회공연

1762년 어린 모차르트 남매는 바이에른 궁전에 강한 인상을 주었어. 그 후 4년 동안 모차르트의 아버지는 어린 남매를 데리고 유럽 순회공연을 다녔단다. 1763년에는 오스트리아 빈을 방문했고, 그 후 런던과 파리도 방문하여 왕족들 앞에서 연주를 했어. 청중은 그들의 연주에 감탄했단다.

기적의 아이들

모차르트 남매가 연주한 음악 중에는 헝겊으로 손가락을 가리고 건반을 치는 일종의 곡예 같은 작품도 있었어. 모차르트 남매가 '기적의 아이들'로 소문날 만도 했지. 비평가들은 '눈으로 보고 귀로 들은 것을 믿을 수 없을 정도다.'라고 평론을 썼단다. 모차르트 남매가 왕궁에서 연주를 끝내고 나면 귀족들은 자기네 저택으로 와 달라고 앞다투어 그들을 초대했어. 선물과 돈이 모차르트 아버지의 지갑으로 쏟아져 들어왔어. 하지만 모차르트 가족은 한곳에 머무르지 않고 계속 이동했단다.

인기 연주자

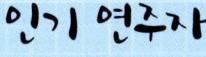

모차르트 남매는 빈의 왕족들을 사로잡았단다. 모차르트는 처음 보는 어려운 작품도 연주해 냈고, 하나의 주제로 다양한 변주곡을 만들었으며, 눈을 가린 채 연주하기도 했어. 마리아 테레지아 여제는 소년에게 반했고, 소년도 여제에게 끌렸지. 모차르트가 여제의 무릎 위로 뛰어올라 끌어안고 키스를 퍼붓자, 여제는 소년에게 금실 장식이 달린 연주복을 선물로 주었단다.

"안녕하세요, 크리시 언니! 팔에 걸치고 있는 게 뭐예요?" 한나가 크리시에게 말했다.

"내가 좋아하는 모차르트 이야기 하는 걸 듣고, 이 낡은 옷을 찾아냈지. 그 당시 사람들은 이런 옷을 입었단다. 멋지지 않니?" 디그비는 크리시가 팔에 걸치고 있는 옷을 보고 눈을 반짝였다.

"와아, 입어 봐도 돼요?"

"물론이지. 한나가 입을 옷도 있어."

"가장무도회라니, 그거 정말 재미있겠군. 여기서 기다려. 너희가 꼭 써 봐야 할 아주 특별한 가발이 있거든. 그건 틀림없이…… 한나, 바로 네 거야." 켄조 아저씨가 흥분해서 말했다.

아저씨가 가발을 가지러 달려가자, 디그비는 청색 비단 반바지를 집어 들고 가게 뒤로 돌아가서 입어 보았다. 주름 장식이 달린 하얀 셔츠도 입었다.

"이건 뭐예요?" 디그비가 기다란 하얀 헝겊을 들어 올리며 물었다.

"네 목을 조르는 끈이야." 한나가 아직은 이 분위기를 썩 즐기지 않는 듯 퉁명스럽게 말했다.

"그건 넥타이란다. 목에 매는 거야. 이렇게." 크리시가 소리 내어 웃고는, 디그비에게 넥타이 매는 법을 가르쳐 주었다. 그러고는 뻣뻣한 페티코트와 주름 장식이 달린 드레스를 들어 올리며 말했다.

"이건 한나 양이 입을 옷이야."

"꼭 입어야 해요?" 한나가 뾰로통한 얼굴로 말했다. 그때 켄조 아저씨가 솜사탕 같기도 하고 새둥지 같기도 한 것을 들고 돌아왔다.

"물론이지. 내가 여기 가져온 걸 좀 보렴. 정말 끝내주는 작품이잖니?"

"어때 보여?" 디그비가 물었다.

"아주 멋져! 진짜 18세기 신사 같아 보여." 크리시가 말했다.

"이번엔 디그비도 제법 근사해 보이는데요. 하지만 이건 어때요?" 한나는 빙글빙글 돌면서 앞으로 나아갔다.

"정말 멋져! 너희 둘을 봐! 모차르트와 난네를이 되살아난 것 같아. 이제 저 낡은 피아노 앞에 가서 앉으렴. 사진 한 장 찍고 싶으니까." 켄조 아저씨가 한나의 머리 위에 벌집처럼 생긴 고깔 모양의 가발을 올려놓으면서 환하게 웃었다.

모차르트와 난네를로 분장한 디그비와 한나는 서로 팔짱을 끼고 러미지 할아버지의 가게 옆에 놓인 낡은 피아노로 다가가서 앉았다.

"반짝거리는 옷을 입고 마차를 타고 왕족을 만나다니, 정말 재미있었을 거예요." 디그비가 말했다.

"물론 때로는 좋았겠지. 하지만 나쁜 점도 있었을 거야." 러미지 할아버지가 말했다.

"어떤 게 나쁜 건지 전 모르겠는데요." 한나가 상류층 귀부인 역할놀이에 빠져서 말했다.

"네가 당시에 태어나서 병이라도 앓았다면, 뭐가 나쁜지 이해할 수 있었을 거야. 건강하면 모든 게 좋았지만, 그렇지 않으면 괴로웠지. 그 시대에는 어른이 되기 전에 죽는 아이가 많았다는 걸 잊지 마라. 천연두 같은 병에 걸리면 살아남을 가능성은 거의 없었어."

"모차르트도 병에 걸렸나요?" 한나가 물었다.

"그래. 유럽 여행이 병치레가 잦은 아이들한테 좋지 않은 영향을 미쳤단다. 천연두를 앓고 난 뒤에 모차르트는 쇠약해져서 자주 앓았단다."

"아버지가 너무 심한 것 같아요. 자식들한테 그렇게 힘든 일을 시키다니." 한나가 말했다.

"그렇진 않았어. 당시에는 신동이 순회공연을 다니는 게 드문 일이 아니었지. 그리고 모차르트의 아버지는 항상 아이들이 연주 일정 사이에 며칠 동안 휴식을 취할 수 있도록 계획을 짰단다."

"하지만 자식들 덕분에 돈을 많이 벌었잖아요?" 디그비가 말했다.

"어느 정도는 그랬지. 하지만 부모라면 누구나 그렇듯이 모차르트의 아버지도 자식들의 장래가 탄탄하게 다져지기를 바랐어. 게다가 아이들의 재능을 세상에 보여 주는 것이 그 재능을 주신 하느님께 감사하는 길이라고 생각했단다."

 ## 계속되는 여행

모차르트 남매의 첫 순회공연이 성공한 뒤, 가족은 전보다 풍족해져서 집으로 돌아왔단다. 아버지가 자가용 마차를 사서 그걸 타고 다녔지만 여행은 항상 힘든 일이었어. 길은 울퉁불퉁했고 마차는 비좁고 추웠기 때문이야. 모차르트는 종종 선율을 떠올리며 시간을 보냈는데, 그것을 악보에 옮겨 적을 기회가 올 때까지 머리에 기억해 두었단다. 정말 머리가 좋은 아이였지.

향수병에 걸린 소년

모차르트는 여행하는 동안 상상에 있는 가공의 나라를 만들어 냈단다. 그곳은 아이들이 항상 건강하고 행복한 나라였지. 모차르트는 그 나라의 임금이었고 말이야. 집에 있는 어머니와 늘 멀리 떨어져 지내다 보니 향수병에 걸린 건지도 몰라. 모차르트는 하인에게 상상 나라의 지도를 그려 달라고 해서 도시와 마을과 시장에 이름을 붙이기까지 했단다.

한번은 모차르트의 아버지가 여행길에 아내한테 보낸 편지에 모차르트의 이가 새로 나고 있다고 적었어. 당시 모차르트가 얼마나 어렸는지를 보여 주는 내용이지. 모차르트는 아직 일곱 살도 안 된 어린애였단다.

천재 작곡가

모차르트는 음악과 관련된 것을 놀랍도록 빨리 익혔어. 여덟 살 때인 1764년에 첫 교향곡을 작곡했고, 겨우 열두 살 때인 1768년에 첫 오페라를 작곡했단다. 그리고 열세 살이 되었을 때는 이미 교향곡 여섯 편을 포함하여 여든 편이 넘는 작품을 작곡했지. 모차르트는 악보를 고쳐 적거나 두 번 생각하지도 않고 복잡한 곡을 작곡했단다. 똑같은 실수를 두 번 반복한 적이 없었고, 같은 일을 되풀이한 적도 없었어.

 # 오페라

모차르트의 첫사랑은 오페라였단다. 아주 어린 나이에 모차르트는 자신이 작곡한 오페라를 무대에 올리고 싶어했어. 그는 연극을 좋아했고, 꽤 훌륭한 배우이기도 했지. 또 예술가들과 함께 일하는 것도 좋아했단다. 하지만 첫 오페라 〈이도메네오〉는 성공하지 못했어. 그 작품에 출연한 성악가 몇 명은 그때까지 오페라는커녕 어떤 무대에도 서 본 적이 없는 사람들이었거든. 모차르트는 성악가들이 동상처럼 무대에 서 있기만 하고, 자신의 지시에 전혀 귀를 기울이지 않는다고 불평했어.

경쟁자 살리에리

빈의 궁정 악장인 안토니오 살리에리는 사람들이 듣고 싶어하는 음악을 작곡한 인기 있는 작곡가였단다. 살리에리의 오페라 〈악수르〉는 백 번이나 공연되었지만, 모차르트의 〈돈 조반니〉는 아홉 번밖에 공연되지 않았어. 이 때문에 모차르트는 살리에리를 질투했단다.

오페라 대결

프란츠 요제프 황제의 여름 궁전인 빈의 쇤브룬 궁전 연회장에서 음악 경연 대회가 열렸단다. 모차르트와 살리에리는 이 경연 대회에 참가해서 경쟁을 벌였어. 모차르트와 살리에리의 오페라는 연회장 정반대쪽 끝에서 각각 공연되었고, 가운데에는 만찬이 차려졌단다. 화려한 연회장은 아주 거대해서 음악이 끝난 뒤에도 마지막 음이 5~6초 동안이나 메아리칠 정도였어.

경연 결과 모차르트는 살리에리에게 지고 말았단다. 모차르트는 오페라 대본을 쓴 작사가를 탓했지만, 황제는 모차르트가 너무 많은 음을 사용했기 때문이라고 말했단다. 그러자 모차르트는 필요한 만큼만 사용했을 뿐이라고 화를 냈지.

"모차르트가 항상 아픈 건 아니었죠?" 디그비가 물었다.

"그럼. 모차르트는 아름다운 음악을 계속 만들어 냈기에 결국 그 시대의 가장 위대한 작곡가가 되었지. 아니, 사실은 그 시대만이 아니라 모든 시대를 통틀어 가장 위대한 작곡가 중 하나로 꼽힌단다."

"요즘 사람들이 인기 가수의 새 노래를 기다리는 것처럼 당시 사람들도 모차르트의 다음 작품을 기다렸나요?" 한나가 물었다.

"모차르트의 작품을 누구나 다 좋아한 건 아니었어. 모차르트의 새로운 아이디어는 지나치게 현대적이고 시대를 앞서 가는 것처럼 느껴질 때가 많았고, 그래서 당장 인기를 얻지는 못했지. 그리고 살리에리가 있었어."

"살리에리가 누구예요?" 한나가 물었다.

"안토니오 살리에리는 빈에서 요제프 2세의 궁정 악장을 지낸 작곡가야. 모차르트는 엘리자베스 공주의 음악 교사로 추천을 받았는데, 그 자리에 살리에리가 임명되자 처음으로 두 사람 사이가 틀어졌지. 그 후 모차르트는 살리에리의 오페라 가운데 하나를 '졸작'이라고 비판했고, 그때부터 두 사람은 서로 으르렁거리는 사이가 됐어."

"다른 사람들은 살리에리의 오페라를 좋아했나요?" 디그비가 물었다.

"불행히도 황제가 좋아했지. 황제는 진지한 오페라를 좋아했는데, 모차르트의 오페라는 춤추는 장면이 많고 귀족을 웃음거리로 만들었단다. 그래서 모차르트의 아버지는 독일 사람들이 좋아하는 대중적인 작품을 쓰라고 아들한테 충고했어. 하지만 모차르트는 자기 생각대로 하겠다고 결심했지."

"잘했군요." 켄조 아저씨가 말했다.

"그랬지. 하지만 모차르트는 사람들의 호감을 사지 못했고, 결국 궁전에서 벌어지는 온갖 논쟁과 음모에 제대로 대처하지 못했어."

"모차르트는 할 일이 많아서 늘 바빴겠지요?" 디그비가 물었다.

"그렇지도 않아. 모차르트는 이제 더 이상 수많은 청중을 끌어 모으는 신동이 아니었어. 빈에 계속 있고 싶었지만, 일거리를 찾을 수 없어서 잘츠부르크로 돌아갔단다."

"그래도 어쨌든 고향으로 돌아갔군요. 그렇다면 행복했을 거예요." 한나가 말했다.

"사실 그것은 불행의 시작이었어. 그때부터 10년 동안 모차르트는 잘츠부르크 주교 밑에서 일했는데, 아주 힘들어했지. 모차르트는 행복하지 않았단다. 오히려 정반대였어."

"정말 따분했을 것 같아요. 주교 밑에서 일하는 건 정말 재미없었을 거예요." 디그비가 머리에 쓰고 있는 가발 밑으로 손을 넣어 긁적이면서 말했다.

"모차르트는 하인 취급을 받으며, 온갖 행사와 예배, 결혼식과 장례식에 쓸 음악을 작곡해야 했지. 그건 중노동이었어. 몇 시간씩 촛불 밑에서 악보를 쓰는 건……"

"낭만적으로 들리는데요." 한나가 말했다.

"밀랍으로 만든 양초였다면 그래도 낭만적이었을지 모르지. 하지만 그런 양초는 값이 비쌌기 때문에 동물성 기름으로 만든 수지 양초를 써야 했는데, 그건 탈 때 냄새가 아주 고약했단다. 그리고 일도 힘들었어. 오케스트라에 들어가는 모든 악기의 연주 부분을 작곡해야 했으니까. 게다가 주교는 예배 때마다 늘 새로운 음악이 연주되기를 원했어. 모차르트는 그날 저녁에 연주할 작품을 하루 만에 작곡해야 할 때도 있었어. 한번은 3주 동안 교향곡 여섯 편을 작곡한 적도 있었단다."

"진짜 바빴겠네요. 그래도 그건 안정된 일자리였겠죠?" 한나가 물었다.

"그야 그렇지만, 모차르트는 비위를 맞추기가 쉽지 않은 사람이었어. 어릴 적에 사람들이 너무 칭찬하고 애지중지해서 오만한 성격이 되었지. 아버지는 공손하고 예의바르게 행동하고 생계를 꾸려 나가는 데 전념하라고 충고했지만, 모차르트는 다시 인기 스타가 되고 싶어했어. 빈으로 돌아가면 기회가 생길 거라고 생각하고, 그런 기회를 꿈꾸었단다."

 ## 춤의 대가

모차르트는 음악을 작곡하고 궁정 오케스트라를 지휘하기 위해 잘츠부르크로 돌아왔어. 하지만 그를 고용한 주교는 냉정하게도 모차르트가 황제 앞에서 연주하는 것을 허락하지 않아서 모차르트는 주교를 미워하기 시작했단다. 한편 참을 만큼 참았다고 생각한 주교는 결국 1781년 모차르트를 해고했지. 모차르트는 별로 기분 나빠하지 않았어. 그는 악보를 출판하거나 대중 앞에서 연주하면서 그런 대로 생계를 꾸려 나갔단다. 모차르트에게 무도회와 오페라용 춤곡을 작곡해 달라는 요청이 자주 들어왔고, 그는 그 일을 좋아했어.

어머니와 함께한 순회공연

모차르트의 어머니는 아들과 자주 여행하지는 않았지만, 1777년에는 아들과 함께 만하임과 파리를 방문했단다. 쾌활하고 다정했던 어머니는 순회공연 중 병에 걸려 1778년 7월 3일 세상을 떠났단다. 아마 발진티푸스로 죽었을 거야. 모차르트는 독실한 신앙 덕분에 어머니의 죽음을 극복할 수 있었어. 모차르트는 이런 글을 썼단다.
'……우리는 어머니를 다시 만날 것이다. ……그리고 이 세상에서보다 훨씬 더 행복하고 즐겁게 함께 살 것이다.'

첫사랑

이따금 모차르트는 친구인 베버네 집에 가서 그의 가족과 함께 지냈단다. 그리고 그곳에서 알로이지아를 만나 열띤 사랑에 빠졌지. 모차르트는 알로이지아의 아름다운 노랫소리를 듣고 그녀를 더욱 사랑하게 되었어. 모차르트의 아버지는 베버 가족을 좋게 생각하지 않았기 때문에 그런 상황을 달가워하지 않았단다. 하지만 아버지가 걱정할 일은 없었어. 알로이지아는 모차르트에게 관심이 없었거든.

 ## 행복한 결혼 생활

1782년 모차르트는 첫사랑 알로이지아의 여동생 콘스탄체 베버와 결혼했단다. 모차르트의 아버지는 이 결혼에 반대했어. 하지만 두 사람은 많은 대화를 나누고, 여러 친구들과 함께 어울리는 다정하고 행복한 부부였어. 콘스탄체는 모차르트만큼 영리하지는 않았지만 모차르트를 어떻게 돌봐 주어야 하는지는 알고 있었고, 모차르트에게 필요한 것은 바로 그것이었지. 콘스탄체는 자식을 여섯 명이나 낳았어. 돈이 넉넉했던 적은 한 번도 없었지만, 결혼 생활은 행복했단다.

행복한 가정

빈으로 돌아온 모차르트의 작은 집은 항상 시끄러웠단다. 모차르트는 어렸을 때처럼 여전히 놀기 좋아하고 장난기로 가득했어. 방에서는 아이들이 뛰어노는 소리, 애완견과 새장 속 찌르레기가 내는 소리가 울려 퍼졌단다. 이 새는 영리해서 모차르트의 피아노 협주곡 중 하나를 노래할 수 있었어. 모차르트는 열심히 일했지만, 빚 때문에 모차르트 가족은 9년 동안 열한 번이나 이사를 다녀야 했단다.

"모차르트라면 그렇게 잘생기지 않아도 여자를 마음대로 고를 수 있었을 거예요." 한나가 말했다.

"글쎄, 모차르트는 썩 잘생기지도 않았고, 여자들과 몇 번 가볍게 연애를 하긴 했지만, 결혼하기 전에 여자와 깊이 사귀는 건 별로 좋지 않다고 생각했단다."

"그래서 결혼했나요?" 디그비가 물었다.

"그래. 첫사랑은 알로이지아였지만, 결혼은 알로이지아의 여동생인 콘스탄체랑 했어."

"예뻤어요?" 디그비가 물었다.

"미인은 아니었어. 사실 모차르트는 이런 글을 썼지. '콘스탄체는 못생기지는 않았지만, 예쁘다고도 할 수 없다. 검은 두 눈동자와 우아한 몸가짐만 아름다울 뿐이다. 재치도 전혀 없지만, 아내와 어머니로서 도리를 다하기에 모자라지 않은 상식은 갖추고 있다.'라고 말이야."

"아이고 건방져라! 모차르트는 아내를 사랑하지도 않았을 거예요." 한나가 화난 얼굴로 말했다.

"아니, 사랑했어. 하지만 모차르트의 아버지는 콘스탄체가 아들에게 어울리지 않는다고 말했지. 콘스탄체는 헌신적인 아내였지만 취향이 사치스러워서, 그 때문에 모차르트가 열심히 일한다고 생각하는 사람들까지 있을 정도였어. 그러니까 협주곡 한 편 작곡해서 구두 한 켤레 사 주고, 미뉴에트 한 편 작곡해서 장갑 한 켤레 사 주고……." 러미지 할아버지가 말했다.

"콘스탄체는 모차르트한테 바가지도 긁었지. 남편에게 돈을 잘 버는 사업가가 되라고, 제자를 더 많이 받으라고 잔소리를 했어. 그러면서 파티를 여는 것도 좋아했단다." 켄조 아저씨가 못마땅한 얼굴로 말했다.

"하지만 파티는 모차르트도 좋아했어. 사실 두 사람 중 누가 더 나쁘다고 하긴 좀 뭣하구나." 러미지 할아버지가 말했다.

"아무튼 그래서 모차르트 가족은 빈으로 돌아갔죠? 좋았겠다. 우리 엄마도 빈에 가자고 항상 아빠를 조르는데……." 한나가 말했다.

"모차르트 시대에 빈은 확실히 살기 좋은 곳이었단다. 거기엔 부유하고 실력 있는 사람들이 살고 있었지. 그건 상류 사회였어. 하지만 불행히도 모차르트는 가난한 음악가일 뿐이었고, 당시에는 음악가가 좋은 평판을 얻지 못했단다. 그래도 모차르트는 빈을 좋아했어. 세련된 카페에서 커피를 마시거나 중요한 고객들을 만나곤 했지. 일이 항상 잘 풀린 건 아니야. 사람들은 모차르트를 이용했고, 공짜로 작곡해 주기를 바랄 때도 많았단다."

쇤브룬 궁전

웅장하고 화려한 빈의 쇤브룬 궁전은 프랑스 왕들의 베르사유 궁전과 경쟁하기 위해 지은 것이었단다. 쇤부른 궁전은 레오폴드 1세가 1695년에 짓기 시작했고, 마리아 테레지아 여제에 이르러 비로소 웅장하게 완성되었어. 1,441개의 방들 가운데 가장 웅장하고 화려한 방은 프레스코 벽화로 장식된 응접실과 금박을 입힌 여제의 거실이란다. 모차르트는 여섯 살 때 이곳에서 음악을 연주했지. 어떤 방은 거울 수백 개가 걸려 있어서 '거울의 방'이라는 뜻의 독일어 '슈피겔잘'이라고 불렀단다.

상류 사회

빈은 아름다운 궁전과 정원, 무도회장, 오페라 극장, 카페로 이루어진 도시였단다. 신사숙녀들이 값비싼 옷을 차려입고, 깃털을 가득 세운 천국의 새들인 양 뽐내며 다니는 화려하고 세련된 도시였지. 모차르트 가족은 사육제와 가면무도회 같은 축제에 참석하는 걸 좋아했단다. 모차르트는 웅장한 공원과 정원에서 말을 타는 것도 즐겼어. 모차르트 가족은 친구들에게 뒤처지지 않고 그럴 듯하게 보이려 애쓰느라 형편에 맞지 않게 많은 돈을 써야 했단다.

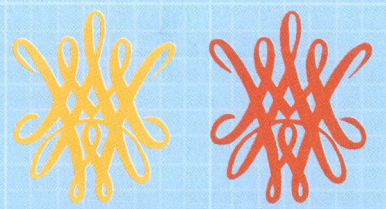

카페

1600년대 이전 유럽에서 커피에 대해 아는 사람은 별로 없었단다. 이 음료가 빈에 처음 들어온 것은 오스만 투르크와의 전쟁이 끝난 뒤인 1683년이었어. 전해 오는 이야기에 따르면 어느 오스트리아 병사가 투르크 군대가 남기고 간 커피를 발견하고 빈에 최초의 카페를 열었다고 해. 카페는 사람을 만나는 장소로 인기를 끌었어. 모차르트는 카페에 자주 들러 느긋하게 쉬거나, 친구나 동료 음악가들과 이야기를 나누기도 했단다.

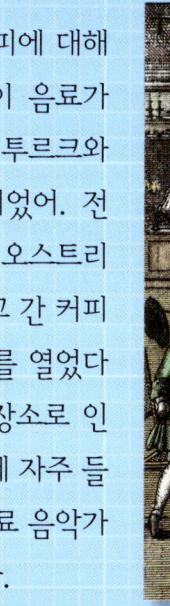

"공짜로 일을 해 주면 모차르트는 어떻게 먹고 살았어요?" 디그비가 물었다.

"그런 일이 자주 있었던 건 아니야. 모차르트도 대개는 보수를 많이 받았어. 어떤 사람들은 모차르트가 가난했다고 말하는데 그렇지 않았던 건 확실해. 다만 돈에 무관심했을 뿐이지."

"돈을 얼마나 벌었어요?" 한나가 물었다.

"모차르트가 아버지한테 쓴 편지에 따르면, 1년에 대규모 연주회를 한 번 열고 제자 네 명한테 클라비어를 가르치면 1,000굴덴을 벌 수 있었대."

"굴덴이 뭐예요?" 디그비가 물었다.

"그 당시 사용한 은화인데, 1굴덴은 요즘 돈으로 치면 3달러쯤 돼. 그 밖에 다른 공연도 했고, 악보를 출판해서 돈을 벌기도 했지. 이것저것 다 합치면 1년에 4,000굴덴 정도는 벌었을 거야. 당시 교사들이 1년에 겨우 100굴덴을 벌었으니까, 모차르트가 가난하지는 않았던 거지."

"그럼 그 많은 돈이 다 어디로 갔어요?" 한나가 물었다.

"구두와 옷을 사는 데 돈을 많이 썼어. 음식 값은 쌌지만, 가발과 머리를 손질하는 비용은 비쌌거든. 모차르트는 하인들만이 아니라 이발사한테도 돈을 치러야 했지."

"하인들도 있었어요?" 한나가 물었다.

"빈에서는 그게 보통이었단다. 다들 일상적으로 사치를 했지. 양쪽 새끼손가락에 다이아몬드 반지를 끼고 회중시계를 두 개씩 갖고 다니는 게 신사들의 관례였어. 하지만 모차르트는 인심이 좋았고 좀 어수룩했지."

"호락호락했겠군요." 한나가 콧방귀를 뀌었다.

"그래. '가짜 친구'가 많았지. 실제로 어떤 사람한테 300굴덴을 빌려 주고 끝내 돌려받지 못한 적도 있어. 돈 걱정을 하고 외상값을 치르느라 열심히 일하다 보니 몸과 마음이 지쳤고, 결국 건강을 해치고 말았단다."

인기 없는 오페라

모차르트는 맹렬한 속도로 곡을 만들었어. 이건 아마 그가 작곡한 음악 대부분이 종이에 옮겨지기 오래 전에 그의 마음속에 이미 만들어져 있었기 때문에 그렇게 빨리 곡을 만들어 내는 게 가능했던 걸 거야. 실제로 오페라 〈돈 조반니〉의 첫 대목은 공연 전날 밤 파티가 끝난 뒤에 작곡한 것이란다. 〈돈 조반니〉는 모차르트의 오페라 중 가장 인기 있는 작품으로 꼽히지만, 처음부터 그랬던 것은 아니야. 빈에서 공연했을 때는 곡을 이해하기가 너무 어렵다는 이유로 성공하지 못했단다.

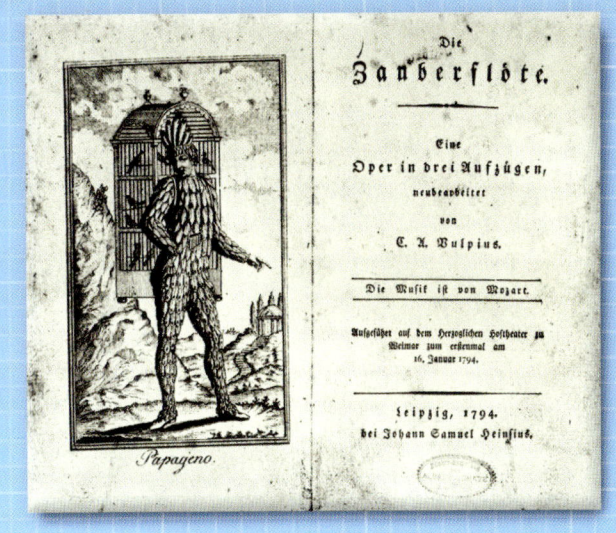

비싼 치료비

1787년 모차르트의 아버지가 세상을 떠났단다. 그리고 2년 뒤에는 모차르트의 아내 콘스탄체가 병에 걸렸어. 모차르트는 아내를 독일의 온천으로 보냈고, 콘스탄체는 그곳에서 건강을 회복하기 위해 광천수를 마셨단다. 이것은 돈이 많이 드는 치료법이어서, 모차르트는 치료비를 마련하기 위해 일을 더 많이 해야 했지. 한번은 약사들한테 400굴덴의 빚을 지기도 했단다. 모차르트도 치통과 두통을 비롯한 여러 가지 질병에 시달리며, 몸이 점점 쇠약해졌어. 하지만 모차르트는 작곡을 멈추지 않았단다.

"병과 빚에 시달렸지만, 모차르트는 그래도 인생을 즐겼고 취미도 많았지."

"취미라고요? 나비 수집 같은 거요?" 디그비가 흥미를 느끼고 물었다.

"아니면 뜨개질이나." 한나가 킬킬거리며 말했다.

"아니야. 모차르트는 '볼치쉬센'을 즐겼단다."

"그게 뭐예요?" 아이들이 소리쳤다. 러미지 할아버지는 싱긋 웃었다.

"석궁 같은 거야. 모차르트는 잘츠부르크의 궁사 협회에 소속되어 있었지. 협회 회원들은 공기총에 짧은 화살을 장전해서 과녁에 쏘았어. 과녁은 대개 우스꽝스러운 그림으로 장식되어 있었단다. 그런데 모차르트의 과녁에는 야한 그림이 그려져 있을 때도 있었어."

"근사한데요." 디그비가 말했다.

"모차르트는 '프리메이슨'이라는 비밀 단체에도 소속되어 있었단다." 러미지 할아버지가 손으로 입을 가리고 속삭였다.

"다른 사람들을 몰래 조사했어요?" 디그비가 기대에 찬 얼굴로 물었다.

"프리메이슨은 그런 단체는 아니었어. 프리메이슨의 역사는 수백 년 전으로 거슬러 올라가. 거기에 가입하면 남들이 모르는 비밀을 알게 돼. 모차르트는 아마 새 친구를 사귀려고 프리메이슨에 가입했을 거야. 회원들 중에는 세력을 가진 사람들이 많아서 출세에도 도움이 되었거든."

"그 비밀은 뭐였어요?" 디그비가 물었다.

"그건 비밀이잖아. 우리가 알면 비밀이 아니지. 안 그래?" 한나가 한심하다는 얼굴로 말했다.

"어쨌든 모차르트는 프리메이슨을 좋아했고, 그들의 사상을 〈마술 피리〉라는 오페라에 표현하기도 했단다."

비밀 결사 단체

모차르트는 '프리메이슨'이라는 비밀 결사 단체를 위해 음악을 작곡했단다. 〈마술 피리〉의 대본을 쓴 극장 지배인이자 배우인 에마누엘 시카네더도 프리메이슨 회원이었어. 그와 모차르트는 고결함이나 미덕에 대한 프리메이슨의 사상을 오페라에 담으려고 애썼단다. 역시 프리메이슨 회원인 미카엘 푸흐베르크는 모차르트가 필요할 때 돈을 빌려 주었어. 또 부유한 상인 푸흐베르크는 콘스탄체가 병에 걸렸을 때 모차르트 가족을 도와주었지. 하지만 불행히도 모차르트는 친구들에게 보답하지 못한 채 세상을 떠났단다.

▶ 모차르트는 시계에서 흘러나오는 환상곡을 작곡하기도 했어.

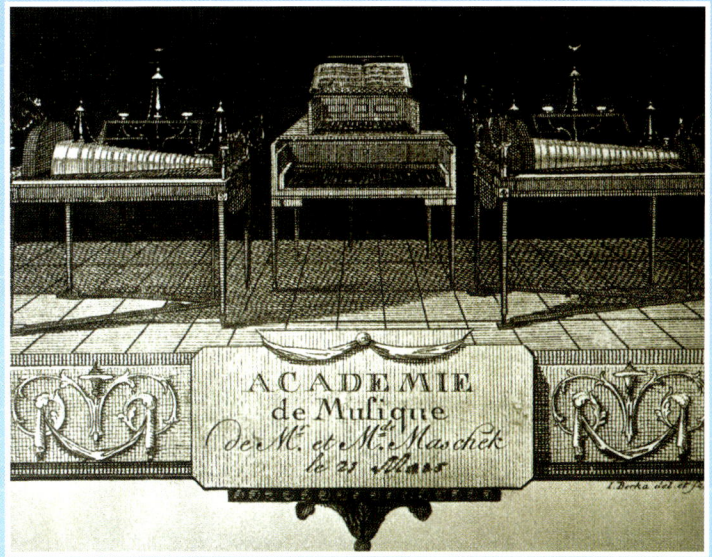

▲ 모차르트는 글라스 하모니카에 매혹되어서 이 악기를 위한 곡을 만들었어.

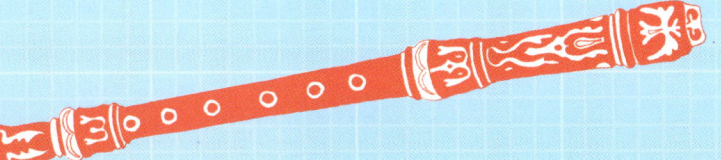

"하지만 계속 그렇게 지낼 수는 없었어. 모차르트는 일을 하면 할수록 지쳐 갔지. 결국에는 너무 쇠약해져서 몸져눕고 말았단다. 아마 자기한테 무슨 일이 일어나고 있는지 알았던 것 같아. 죽기 석 달 전에 모차르트는 이런 글을 썼어. '내 재능으로 득을 보기도 전에 종말이 다가왔다.'"

"모차르트는 그렇게 죽었군요. 그냥 쇠약해져서 죽었어요." 한나가 조용히 말했다.

"독살 당했다고도 해." 켄조 아저씨가 말했다.

"독살이요? 도대체 누가 무엇 때문에 천재를 독살하고 싶어하겠어요?" 디그비가 외쳤다.

"모차르트한테 적이 있었나요?" 한나가 물었다.

"물론 있었지. 하지만 과연 그 적들이 모차르트를 죽일 만큼 비열했는지는 알 수 없어. 아니, 그보다는 모차르트가 자신을 너무 혹사시켜서 과로로 죽었을 가능성이 더 많아." 러미지 할아버지가 말했다.

"모차르트는 왜 쉬지 못했어요?" 디그비가 물었다.

"빚이 점점 늘어날수록 더 많이 일해서 갚아야 했으니까." 러미지 할아버지가 말했다.

수수께끼 같은 죽음

독살일까?

모차르트는 건강이 점점 나빠지자, 누군가 자기에게 독약을 먹이고 있다고 아내에게 말했단다. 그는 언젠가 아버지가 혼자서 밖에 다니지 말고 아무도 믿지 말라고 편지에서 경고했던 것이 떠올랐어. 또 자기가 일하고 있는 궁전에 음모와 의심이 가득하다는 것도 알고 있었어. 모차르트는 살리에리의 인기를 질투한다고 솔직히 인정했지만, 살리에리를 믿을 수 없다는 말도 여러 번 되풀이했단다.

살리에리의 질투

문제는 살리에리가 모차르트의 재능에 깊이 감탄한 것처럼 보였다는 거야. 그는 모차르트의 오페라를 모두 보러 갔어. 그리고 오케스트라를 지휘하는 궁정 악장으로서 빈 궁전에서 모차르트의 음악을 연주하기도 했어. 모차르트가 죽은 뒤에는 모차르트의 아들을 가르치기까지 했단다.

하지만 수수께끼와 음모가 얽힌 이야기는 사람들의 상상력을 자극했지. 작곡가 림스키 코르샤코프는 살리에리가 모차르트를 질투하는 내용을 바탕으로 오페라를 작곡하기도 했어. 영화 〈아마데우스〉 역시 살리에리의 질투를 주제로 만들었단다.

살리에리가 죽기 직전 자신이 모차르트를 독살했다고 고백했다는 소문이 퍼지기도 했어. 하지만 모차르트의 유해가 끝내 발견되지 않았기 때문에 확실한 진상은 결코 알 수 없단다.

모차르트의 진혼곡

검은 옷을 입은 남자

모차르트의 기분이 별로 좋지 않았던 어느 어두운 밤, 검은 옷을 입은 낯선 사내가 모차르트의 방문을 두드렸단다. 모차르트는 문을 열고 사내를 맞이했지만, 수수께끼 같은 낯선 사내는 이름도 밝히지 않았어. 단지 누군가 장례식에 쓸 진혼곡의 작곡을 의뢰하기 위해 자기를 보냈다고 말할 뿐이었지. 모차르트는 진혼곡을 작곡해 주기로 했어. 그런데 검은 옷을 입은 사내는 자꾸만 찾아와서 모차르트를 재촉했단다.

모차르트의 유언

모차르트는 병이 깊어졌고, 여러 가지를 상상하기 시작했어. 그는 자기 장례식을 위한 진혼곡을 스스로 작곡하고 있다고 믿었단다. 꿈과 생시에 낯선 남자가 문간에 서 있는 것을 보기도 했지. 낯선 남자는 죽기 전에 어서 작곡을 끝내라고 재촉하는 것 같았어. 모차르트도 그러고 싶은 마음이 간절했단다. 그는 병석에 누워 죽어 가면서도 제자인 쥐스마이어에게 드럼 소리를 속삭이기까지 했어. 하지만 아무 소용이 없었지. 그는 결국 진혼곡을 끝내지 못했고, 쥐스마이어가 대신 작품을 끝냈어. 오늘날 모차르트의 진혼곡은 지금까지 작곡된 음악 가운데 가장 장엄한 작품으로 인정받고 있단다.

"문간에 갑자기 낯선 사람이 서 있는 걸 보고 모차르트가 얼마나 놀랐겠니. 그게 누군지, 사람인지 귀신인지도 전혀 알 수 없었어."

"으스스해요. 그게 귀신이었다고 생각하세요?" 디그비가 몸을 부르르 떨었다.

"아니야. 귀신 같은 건 없어." 한나가 말했다.

"모차르트는 그게 저승사자라고 생각했을 거야."

"그런 얘기를 들으니까 진짜 무서워요." 디그비가 몸을 떨면서 말했다.

"그건 분명 살리에리였을 거예요." 한나가 말했다.

"아니, 그건 귀신도 아니고 살리에리도 아니었어. 검은 옷을 입은 그 남자는 어느 백작의 하인이었다는 사실이 알려졌지. 백작은 아내의 장례식에 쓸 음악이 필요했는데, 자기가 직접 작곡한 것처럼 꾸미고 싶어했단다. 문제는 가엾은 모차르트가 너무 아프고 열에 들떠서 뭐가 뭔지 분명하게 생각할 수 없었다는 거지."

"그렇게 젊은 나이에 죽다니, 정말 안됐어요. 더 오래 살았다면 아름다운 음악을 더 많이 작곡했을지도 모르잖아요." 한나가 말했다.

"새 가발도 살 수 있었겠지. 이 가발 밑에는 이상한 것들이 잔뜩 우글거리고 있는 게 분명해." 디그비가 머리를 긁고 싶어서 가발을 벗으며 말했다. 그러자 러미지 할아버지는 미소를 지었다.

"하지만 그건 특별한 가발이란다. 모차르트의 음악을 들으면 머리가 좋아진다고 생각하는 사람들도 있어. 그 가발도 머리에 쓸 때마다 똑똑해질지 몰라. 혹시 피아노를 잘 치게 될지 누가 아니?"

"그러려면 아주 특별한 가발이어야 할걸요." 한나가 말했다.

"이건 아주 특별한 가발이야. 언젠가는 나도 작곡을 할 수 있을 거야." 디그비가 말했다.

"가발만 갖고는 안 될걸." 한나는 깔깔 웃으며 디그비를 러미지 할아버지의 가게에서 끌고 나왔다. 디그비는 손에 가발을 든 채 따라 나왔다.

"그만 가 볼게요. 다음 토요일에 만나요, 할아버지."

모차르트의 유산

모차르트는 1791년 겨우 35세의 나이로 세상을 떠났어. 하지만 그의 음악은 지금도 살아 있단다.

그는 오페라 21편, 미사곡 15곡, 50편이 넘는 교향곡, 피아노 협주곡 25곡, 바이올린 협주곡 12곡, 콘서트 아리아 27곡, 피아노 소나타 17곡, 현악 사중주곡 26곡을 비롯하여 총 600개가 넘는 작품을 남겼어.

그의 표현 방식은 당시의 음악과는 달리 독특해. 유감스럽게도 그가 살아 있는 동안에는 사람들이 모차르트의 음악을 정당하게 평가하지 않았어. 모차르트의 섬세하고도 비범한 재능을 이해하지 못했던 거야.

▲ 모차르트의 자녀들 가운데 살아남은 아이는 두 아들뿐이었어. 왼쪽이 아버지처럼 음악가가 된 프란츠 크사버이고, 오른쪽은 카를 토마스란다.

천재 모차르트의 작품

모차르트의 음악은 죽은 뒤에 인기를 얻었다. 사람들이 그의 음악을 좋아하는 이유는 활기차게 반짝이는 멜로디가 기억에 남기 때문이다. 〈아이네 클라이네 나하트뮤지크〉와 〈피아노 협주곡 제21번〉, 〈교향곡 제40번〉의 경우, 대부분의 사람들이 작품의 제목은 모르더라도 멜로디는 기억할 것이다.

그는 가장 인기 있는 오페라도 몇 편 작곡했다. 〈마술 피리〉와 〈피가로의 결혼〉은 이야기를 둘러싼 음악적 매력과 흥미로운 요소들 때문에 아직도 많은 사랑을 받고 있다. 모차르트는 음악이 오페라에서 가장 중요한 요소라고 주장했고, 실제로 그렇다. 어떤 세대도 모차르트의 음악에 싫증을 느낀 적이 없다. 그의 음악은 처음 작곡된 날과 같이 오늘도 신선한 느낌을 준다.

〈마술 피리〉

모차르트의 오페라 〈마술 피리〉는 밤의 여왕의 부탁으로 왕자가 마술 피리를 받아 들고 여왕의 딸인 공주를 구하러 가는 것으로 시작된다. 왕자는 공주를 가둔 남자가 악당인 줄 알았는데, 막상 가 보니 여왕이 악당이고 공주를 데리고 있는 남자는 의로운 철학자였다는 것을 알게 된다. 왕자는 그 철학자의 세계에 깊이 감동하고 함께 간 새잡이 파파게노와 함께 침묵 수행을 하고 나중에는 공주와 함께 물과 불의 시험을 통과한다. 짝이 없어 슬퍼하던 파파게노도 자기에게 꼭 어울리는 파파게나를 만나 행복해지고, 밤의 여왕의 세계는 무너진다는 이야기다.

〈피가로의 결혼〉

〈피가로의 결혼〉은 과거에는 이발사였으나 현재는 알마비마 백작의 하인이 된 피가로와 백작의 시녀인 수산나와의 결혼을 소재로 하는 오페라다. 백작과 백작의 부인이 서로 사이가 좋지 못하고 애정이 식어 서먹해지자 백작은 시녀 수산나에게 관심을 보인다. 이에 피가로와 수산나는 백작 부인을 자신들의 편으로 만들고 갖가지 꾀를 써서 백작의 바람기를 혼내준 뒤 행복한 부부가 된다는 줄거리다.

어휘 사전

- **가면무도회** : 여러 사람이 가면을 쓰고 춤을 추며 노는 파티를 말해요.
- **광천수** : 금, 은, 석탄처럼 땅속에 묻혀 있는 광물질을 함유하고 있는 물로, 독특한 맛을 내거나 병의 치료에 효과가 있는 물을 말해요.
- **교향곡** : 플루트나 트럼펫처럼 입으로 불어서 소리 내는 관악기, 북이나 실로폰처럼 두드려서 소리를 내는 타악기, 바이올린이나 첼로처럼 활로 켜거나 손으로 퉁겨서 소리를 내는 현악기들로 함께 연주하려고 만든 긴 곡을 말해요.
- **말총** : 말의 갈기나 꼬리의 털을 말해요.
- **변주곡** : 하나의 주제가 되는 선율을 바탕으로 선율·리듬·화성 따위를 여러 가지로 변형해서 악기로 연주하는 곡을 말해요.
- **사육제** : 부활 주일인 사순절에 앞서서 3일 또는 한 주일 동안 즐기는 축제예요.
- **석궁** : 중세 유럽에서 쓰던 활의 하나로 돌을 쏘는 데에 사용했어요.
- **오페라** : 대사를 노래로 부르면서 연기하는 연극이에요.
- **진혼곡** : 죽은 사람의 넋을 달래기 위한 곡을 통틀어 이르는 말이에요.
- **천연두** : 열이 몹시 나고 온몸에 발진이 생겨 딱지가 저절로 떨어지기 전에 긁으면 얽게 되는 전염병이에요. 전염력이 매우 강해요.
- **페티코트** : 여자의 속옷으로, 스커트 밑에 받쳐 입는 속치마예요.
- **포마드** : 머리카락에 바르는 진득진득한 기름으로 머리를 매만져서 다듬는 데 사용해요.
- **프레스코 벽화** : 석회를 바른 벽에 수채화로 그림을 그린 거예요.
- **하프시코드** : 그랜드 피아노를 작게 만든 것처럼 생겼어요. 16~18세기에 널리 쓰인 건반 악기로 섬세하고 화려한 음을 내요.
- **향수병** : 고향을 몹시 그리워하는 마음을 병에 빗대어 이르는 말이에요.

찾아보기

굴덴 30, 31

돈 조반니 22, 31

마술 피리 32, 33

만하임 25

빈 17, 22, 23, 24, 26, 28, 29, 30, 31, 35

쇤브룬 궁전 22, 28

아마데우스 13, 35

안토니오 살리에리 22, 23

프리메이슨 32, 33

빌지 부인
손수레를 밀고 시장을 돌아다니면서 쓰레기를 줍는다. 문제는 러미지 할아버지의 가게에 있는 물건을 쓰레기로 알고 내다 버린다는 것이다.

클럼프머거
희귀한 책들을 파는 서점 주인이다. 가게에는 옛 지도와 먼지 쌓인 책과 낡은 신문들이 가득하다.

유세프
전 세계를 두루 여행했다. 흥미진진한 여행을 추억할 수 있는 기념품들이 가방 하나에 가득하다.

역사와 교양이 살아 있는 제대로 된 인물 이야기

그레이트 피플

★ 풍부한 역사적 사건과 문화, 예술, 관련 인물이 담긴 **역사 교양책!**
★ 러미지 만물상과 황학동 만물 시장을 배경으로 펼쳐지는 재미있는 **캐릭터 동화!**
★ 인물의 업적 뿐 아니라 진솔한 인간적 모습, 가치까지 전하는 **제대로 된 인물이야기!**
★ 시대상을 보여주고 이해력을 돕는, 사진과 그림이 풍부한 **지식 정보 그림책!**

1 레오나르도 다빈치의 팔레트 2 마틴 루서 킹의 마이크 3 클레오파트라의 동전 4 콜럼버스의 지도 5 모차르트의 가발
6 닐 암스트롱의 월석 7 마르코 폴로의 비단 지갑 8 셰익스피어의 깃털 펜 9 시팅 불의 손도끼 10 나폴레옹의 모자
11 알렉산더 대왕의 시집 12 갈릴레이의 망원경 13 간디의 안경 14 율리우스 카이사르의 샌들 15 스콧 선장의 스키
16 라이트 형제의 글라이더 17 바르바로사의 보물 상자 18 마더 테레사의 자선냄비 19 쿡 선장의 부메랑
20 빅토리아 여왕의 다이아몬드 21 방정환의 잡지 22 스티브 잡스의 컴퓨터 23 넬슨 만델라의 바지
24 나비박사 석주명의 포충망 25 신사임당의 쟁반 26 김수환 추기경의 탁상시계 27 세종 대왕의 목욕 수건
28 백남준의 텔레비전 29 장영실의 해시계 30 허준의 약탕기 31 정약용의 편지 32 김홍도의 물감
33 반기문의 영어 잡지 34 이중섭의 은종이 그림 35 정조의 밥상 36 김만덕의 가마솥 37 유관순의 태극기
38 안중근의 권총 39 장보고의 청자 찻잔 40 안창호의 여권 (출간예정)